MASKING TAPES

Kunterbunter Klebe- spaß mit trendigen Klebebändern

arsEdition

RAN AN DIE ROLLEN!

*Ob knallbunt, einfarbig, gemustert, schmal oder breit –
es gibt unendlich viele Masking Tapes, mit denen ihr
unendlich viel Tolles basteln und gestalten könnt!*

Eure Tapes könnt ihr zum Beispiel …

*… sauber zerschneiden oder wild zerreißen
für kleinere Flächen oder als Deko,*

… aneinanderkleben für größere Flächen,

*… übereinanderkleben bei dunklen
Untergründen und für tolle Effekte,*

… wieder ablösen, wenn mal etwas schiefgeht, oder

*… mit Klebstoff versehen, wenn es richtig
lange halten soll.*

Viel, viel Freude wünscht euch

Susanne

INHALT

AUFGEPASST!

Wenn ihr mit Farbe, Klebstoff und Ähnlichem hantiert, nutzt zum Schutz eurer Arbeitsfläche eine Unterlage (z. B. Zeitungspapier) und zieht euch ein altes T-Shirt oder eine Schürze an. Lasst euch beim Umgang mit scharfen Gegenständen oder Materialien unbedingt von einem Erwachsenen helfen.

2

WACHHUND WALDI

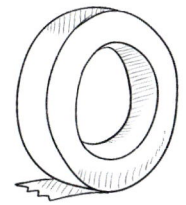

Niemand passt besser auf eure Tapes auf!

SCHRITT 1: *Kopiert die Vorlage von Seite 42 und klebt sie auf ein Stück Karton.* Ist das Material schön stabil, so könnt ihr Waldi vor dem Aufkleben auseinanderschneiden und verlängern, indem ihr Vorder- und Hinterteil entsprechend weiter auseinandersetzt **1** .

SCHRITT 2: *Schneidet euren Dackel* aus und umwickelt seinen Bauch mit Tape. Die restlichen Bereiche könnt ihr ausmalen **2** .

SCHRITT 3: *Knotet etwas Wolle am Hals fest.* Das andere Ende bekommt eine Schlaufe, in die ihr das Hinterteil einhängt. Wenn ihr die Schlaufe entfernt, könnt ihr Taperollen auf Waldi stecken. Dann die Schlaufe wieder befestigen, und schon lässt sich Waldi in schickem Ringelpulli aufhängen!

Tipp für ganz Eilige: Nutzt statt Waldi einen Stab als Halterung, an dem ihr ein Stück Wolle mit Schlaufe festknotet.

Tipp für ganz Kreative: Schenkt Waldi Freunde und denkt euch andere Tiere aus.

KRAM

GEHEIM!

GELD

2

3

ALLES IN ORDNUNG?

Leert und säubert eure Behälter und beklebt sie außen und innen nach Lust und Laune. Wenn ihr beispielsweise **Tape-Quadrate halbiert** **1**, könnt ihr mit den entstehenden Dreiecken tolle Muster kreieren.

Mehrere Streichholzschachteln werden mit Tape umwickelt zu einer **Mini-Kommode** **2**, in der ihr jede Menge Krimskrams verstauen könnt.

3 Für den perfekten Überblick könnt ihr eure Ordnungshüter beschriften und bei transparentem Material Sichtfenster für den Inhalt lassen.

Ihr braucht:

Tape eurer Wahl
Streichholzschachtel,
Kaugummidose,
Frischkäseschale o. Ä.
Schere
Optional:
Klebstoff
Stifte

Kleines Geschenk, große Freude: Befestigt einfach eine beschriftete Tape-Banderole an einer Kerze und legt sie in eine mit Konfetti gefüllte, beklebte Streichholzschachtel.

Ihr braucht:

Tape eurer Wahl
6 Küchenpapierrollen
Schere
Cuttermesser
Lineal
Tacker

TAPE-TURM

Es herrscht Chaos auf eurem Schreibtisch?
Schluss damit! Dieser Turm hält nicht nur Stifte, Tape & Co.
für euch bereit, sondern sieht auch noch mächtig gut aus ...

SCHRITT 1: *Schneidet sechs Küchenpapier-rollen in drei verschiedenen Längen zu (z. B. 3 x 18 cm; 2 x 14 cm; 1 x 12 cm). Schrägt sie an der Vorderseite ab, damit ihr später besser an den Inhalt heran-kommt.* Beklebt sie mit Tapestreifen.

SCHRITT 2: *Tackert sie nun zusammen: Zunächst die unteren drei Rollen, jeweils vorne und hinten durch zwei Klammern in den Seitenwänden.*
Darauf tackert ihr die beien mittleren Rol-len mit je einer Klammer in die Unterseite. *Ganz oben wird die letzte Rolle auf gleiche Weise fixiert.*

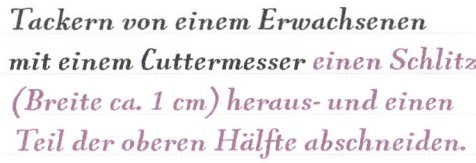

SCHRITT 3: *Die oberste Rolle kann als Zettel- und Tapehalter dienen: Lasst dafür vor dem*

Tackern von einem Erwachsenen mit einem Cuttermesser einen Schlitz (Breite ca. 1 cm) heraus- und einen Teil der oberen Hälfte abschneiden.

Lust auf mehr? *Umwickelt euer Material mit dem passenden Tape.*

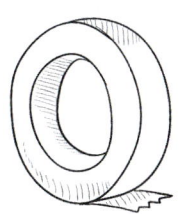

KARTEN-KÖNIG

Diesen Titel holt ihr euch ganz leicht:
Ran an die Tapes und losgeklebt!
Wer zaubert die schönsten Briefe und Umschläge?

SCHRITT 1: *Kopiert die Vorlage von Seite 43, z. B. in verschiedenen Größen. Schneidet sie in Wunschgröße aus und schneidet anschließend Hut, Fahne und Anzug der Figur aus. Den Rest könnt ihr bemalen oder beschriften.*

SCHRITT 2: *Fixiert das Papier der Figur an einer Seite mit Tape an einem zweiten Stück Papier oder Karton. Die Stellen, die später durch die ausgeschnittenen Elemente sichtbar sind, beklebt ihr mit Tape.*
Fertig? Dann klebt beide Papiere zusammen und dekoriert Vorder- und Rückseite ganz wie es euch gefällt.

SCHRITT 3: *Tobt euch mit euren Tapes richtig aus: Auch mit gerissenen Tapestreifen lässt sich eine Figur befestigen. Die unsauberen Kanten könnt ihr außen abschneiden. Beklebte Umschläge machen beim Empfänger schon auf den ersten Blick gute Laune!*

Tipp: Denkt euch selbst Formen aus (z. B. euren Anfangsbuchstaben), schneidet sie aus und hinterklebt sie mit gleicher Technik mit Tape.

MEISTERHAFTE MAPPE

Was gerade noch ein Buch war, wird im Handumdrehen zur genialen Fächermappe, in der ihr jede Menge schöne Dinge verstauen könnt … Klebt gleich drauflos!

SCHRITT 1: Schnappt euch ein Buch mit möglichst dicken Seiten, das ihr nicht mehr benötigt.

Jeweils zwei Seiten ergeben ein Fach: Klebt sie dafür oben und unten mit je einem Stück Tape zusammen. Das überstehende Tape schneidet ihr am Ende ab. Lasst auf diese Weise so viele Fächer entstehen, wie ihr mögt.

Hat euer Buch zu viele Seiten für die gewünschte Fächerzahl, so schaut zu Beginn, an welcher Stelle sich die Bindung befindet, und löst dort vorsichtig Seiten heraus.

SCHRITT 2: Den Buchdeckel könnt ihr ganz nach eurem Geschmack gestalten: *Beklebt ihn beispielsweise mit Tape, sodass dabei ein Ausschnitt oder gleich mehrere Stellen sichtbar bleiben.* Schön sehen mehrere Schichten in unterschiedlichen Farben aus!

Wie wäre es zusätzlich mit einem lustigen Text oder eurem Namen? Schreibt ihn mit Permanentmarker auf das Tape oder befestigt ein dekoriertes Stück Papier. Und jetzt: Mappe füllen und freuen!

Happy birthday

JAN · TONI · LINDA · JIPPIE!

JIPPIE

WITZIGE WIMPEL

Legt etwas Schnur, einen Trink-
halm, Zahnstocher oder etwas
anderes, das mit einem Wimpel
versehen werden soll, in die Mitte
eines Stück Tapes (klebende Seite).
*Klappt das Tape passgenau zusam-
men, drückt es fest und schneidet
die Enden in Form* **1**. *Fertig!*

Tipp: Wenn ihr Holzstäbchen verwendet, bemalt sie
mit knalligen Textmarkern. Das macht extra gute Laune!

XL-Wimpel: **Aus mehreren aneinander-
geklebten Tapestücken könnt ihr tolle
Glas-Untersetzer kreieren.
Klebt dafür zwei Tapestücke der gleichen
Sorte (Länge z. B. 10 cm) aufeinander und
reiht die nächsten Tapestücke durch leichtes
Überlappen daran** **2**.
*Nach fünf bis sechs Reihen schneidet
ihr die beiden unsauberen Seiten in
Form.* **Schon können die Getränke
serviert werden!**

Lustige Ideen für Wimpel-Formen
findet ihr auf Seite 42.

FIX VERPACKT

Was gibt es Besseres als eine tolle Party?
Klar: eine tolle Party mit richtig schönen Geschenken!
Probiert selbst, was ihr mit etwas Tape alles zaubern könnt ...

Genial: Befestigt einen Luftballon, Luftschlangen und eine Mini-Wimpelkette (Anleitung auf Seite 19) auf eurem Päckchen  **1**. *So ist das Partyzubehör gleich griffbereit und es kann sofort losgefeiert werden!*

Toll sieht auch ein Anhänger mit dem Namen des Empfängers und ein handgeschriebener oder gestempelter Schriftzug aus.

Auch schön: Wer keine Kerze zur Hand hat, verwendet Tapestreifen und malt die Flamme auf **2** .

Ihr braucht:

Tape eurer Wahl
Schere
(Geschenk-)Papier
Optional:
Geschenkband
Luftballons, Luftschlangen
Kerze o. Ä.
Stifte
Karton
Locher

PARTY

1

Hier geht's weiter!

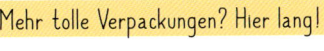

Eine Torte backen dauert ewig? Von wegen: Klebt einfach einige Tape-streifen übereinander und mit einem zusätzlichen Streifen eine Kerze obenauf **3**.
Mit schmalem, auseinandergeschnittenem Tape lasst ihr sie strahlen – und den Beschenkten gleich mit!

Tipp: *Auch Grußkarten oder Briefpapier könnt ihr auf diese Art gestalten!*

Schicke Anhänger: Beklebt Karton (z. B. 21 x 5 cm) mit Tape und schneidet die unsauberen Kanten ab. Zerschneidet den Streifen in die gewünschten Anhänger-Größen. **4** *Zum Anhängen zieht ihr ein Bändchen durch ein Loch. So lassen sich übrigens auch Lesezeichen ganz leicht herstellen!*

Mehr tolle Verpackungen? Hier lang!

EINLADUNG

HIER SITZT ELA

HIER SITZT MAX

EINLADUNG

KLUGE KLAMMERN

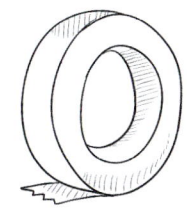

*Ob Geschenkverpackungen, Platzschildchen oder wichtige Notizen –
diese kleinen Helfer klammern einfach alles für euch zusammen!*

SCHRITT 1: *Beklebt eure Wäscheklammern auf der Ober- und Unterseite mit Tape.* Ihr könnt das Tape auf die Breite und Länge der Klammer zuschneiden oder es über die Kanten knicken (das hält besser, wenn ihr das Tape zuvor mit Klebstoff bestreicht).

SCHRITT 2: Mit aufgeklebten Wackelaugen und gemalten Gesichter erweckt ihr kleine Klammer-Kumpel zum Leben. *Lustige Augen, lange Ohren oder Haare entstehen, wenn ihr am oberen Ende ein Stück Tape nach hinten umknickt, sodass es doppelt liegt und nicht mehr klebt.* Jetzt könnt ihr die Verlängerung herausschneiden und dekorieren.

Lasst einen gefalteten, als Brief dekorierten Zettel und eine Wimpel-Kerze (Anleitung auf Seite 19) von einer *Gute-Laune-Klammer* überbringen. Ihre Seiten sind mit einem Textmarker leuchtend bemalt – was für ein Hingucker!

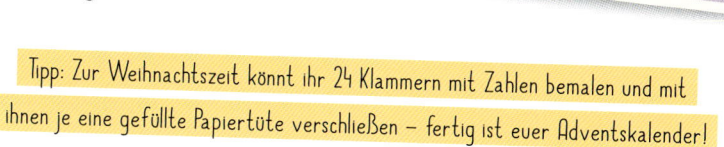

Tipp: Zur Weihnachtszeit könnt ihr 24 Klammern mit Zahlen bemalen und mit ihnen je eine gefüllte Papiertüte verschließen – fertig ist euer Adventskalender!

MUSTER-MEMO

Tapes über Tapes, Muster über Muster –
seid ihr echte Tape-Profis und behaltet den Überblick?
In diesem Spiel zeigt ihr es!

Beklebt jeweils eine Seite der Kartons mit farbigem Tonpapier.
Zeichnet Quadrate auf (z. B. je Karton 24 Stück à 4,5 x 4,5 cm) und schneidet sie anschließend im Doppel aus. Beklebt die andere Seite von kurzer zu kurzer Seite mit Tape. Schneidet das überstehende Tape ab und jedes Paar auseinander: Es entstehen zwei identische Karten. Schon kann das Spiel beginnen!

Spielregel

Für zwei oder mehrere Spieler: Mischt die Spielkarten und legt sie mit der einfarbigen Seite nach oben gleichmäßig aus.

Ein Spieler dreht nun zwei Karten um. Sind sie identisch, darf er sie behalten und ein weiteres Paar umdrehen usw. Zeigen die Karten unterschiedliche Motive, werden sie wieder umgedreht und der nächste Spieler ist an der Reihe. Sind alle Karten verteilt, gewinnt der Spieler mit den meisten Kartenpaaren.

Übrigens: Einsteiger starten mit wenigen Kartenpaaren. Wer es richtig knifflig mag, bastelt noch mehr Karten!

Tipp: Als Verpackung ist beispielsweise eine bunt beklebte Schale super geeignet (siehe Seite 10).

Ihr braucht:

Tape eurer Wahl
Vorlage vom Umschlag
Fotokarton, weiß
Schere
Klebstoff
Faden
Wackelaugen

PRÄCHTIGER PIEPMATZ

Was für ein fantastisches Federkleid! Damit ziert ihr nicht nur diesen Vogel, sondern euer Zimmer gleich mit.

SCHRITT 1: *Kopiert die beiden Vorlagen (Vogel und Zweig) von der Umschlagklappe, klebt sie auf Karton und schneidet sie aus.*
Euer Vogel bekommt auf beiden Seiten einen bunten Körper aus eurem schönsten Tape. Am Kopf könnt ihr auf einer Seite unter dem Tape ein Stück Schnur zum Aufhängen befestigen.
Den separaten Zweig beklebt ihr nur auf einer Seite. Schneidet alle überstehenden Enden an der Außenkante ab.

SCHRITT 2: *Für die Federn (z. B. 18 Stück)* befestigt ihr Schnüre unterschiedlicher Länge zwischen Tapestücken. Unser Vogel hat Federn der Länge 5 bis 7 cm. *Rundet die Ecken ab und schneidet die Kanten ein.* Mit einigen Zwischenräumen wirkt es fast wie echte Federn!

SCHRITT 3: *Fertig? Dann fixiert die Federschnüre mit etwas Tape auf einer Seite des Zweigs unter dem sitzenden Vogel.* Klebt den separaten Zweig darauf, um die Klebestellen zu verdecken.
Jetzt noch je drei Federn als Flügel und je ein Wackelauge aufkleben und den Piepmatz an einem Ehrenplatz in eurem Zimmer präsentieren!

Noch mehr tolle Feder-Ideen gibt's hier!

Ihr braucht:

Tape eurer Wahl
Schere
Goldschnur
Permanentmarker
Ohrhaken

Optional:
Zahnstocher
Wackelaugen
Orange o. Ä.

SCHMUCKER SCHMUCK

Hingucker gesucht? Hier ist er:
Gestaltet eure ganz eigene, einzigartige Halskette
und die passenden Ohrringe gleich mit dazu!

Auf der vorigen Seite seht ihr, wie ihr tolle Federn bastelt. Doch es gibt noch viele andere Formen, die sich auf gleiche Art prima auf einer Gold-schnur zu einer schönen Halskette aufreihen lassen **1** . Wie wäre es zum Beispiel mit Herzen, Quadraten oder Blättern? Mit Permanentmarker be-malt, sehen sie besonders klasse aus! Fallen euch noch andere Formen ein?

Für die Ohrringe fädelt ihr einen Ohrhaken auf die Schnur, schlagt sie zu einer Mini-Schlaufe um und klebt sie zwischen beiden Tape-schichten fest **2** .

Eine größenverstellbare Kette ist leicht gemacht: Legt die Enden eurer Schnur (z. B. 65 cm Länge) wie in Bild 1 gezeigt übereina-nder und verseht jedes mit einem Doppelkno-ten **3** . Die Knoten sollten in sich fest sein, sich aber auf der Schnur verschieben lassen, sodass ihr die Kettenlänge verändern könnt.

3

Doppelknoten um untere Schnur

Doppelknoten um obere Schnur

Witzig: Verwendet statt Schnur Zahnstocher und schneidet die Tapekanten nicht ein. So könnt ihr Früchte mit Gesichtern versehen **4** ! Die Zunge wird auf ein kleines Zahnstocher-Stück geklebt, so bleibt sie beweglich und kann extrafrech nach oben oder unten gebogen werden.

4

REIN IN DIE RAHMEN!

Ihr habt jede Menge toller Bilder, aber nur alte, langweilige oder gar keine Rahmen? Kein Problem: Mit euren Tapes wird es trotzdem kunterbunt und superschön!

Dekoriert eure Rahmen ganz nach Laune: Ihr könnt das Tape in langen Bahnen kleben, mit kleineren Stücken umwickeln oder zu Dreiecken, Quadraten oder anderen Formen auseinanderschneiden.
Oder ihr lasst einige Stellen frei, sodass das Material des Rahmens durchblitzt 1 (kleiner Rahmen: Pappe, groß: Holz). Witzig sieht es aus, wenn ihr eure Bilder zusätzlich beklebt.
Probiert aus, was euch am besten gefällt!

Wer keinen Rahmen hat, kann sich aus Wellpappe 2 (z. B. Karton aus dem Supermarkt) einen Rahmen in passender Größe ausschneiden und mit Tape bekleben. Ein Bild und einen Faden zum Aufhängen auf der Rückseite mit Tape fixieren – fertig!

Auf Zack: Für eine Zacken-Bordüre schlagt ihre einen Streifen Tape über die lange Seite um, sodass ein schmaler, klebender Rand bestehen bleibt. Schneidet nun vorsichtig kleine Dreiecke heraus 3 und klebt euer Werk dann auf den Rahmen.

Ganz flott geht es, wenn ihr eure Bilder direkt auf der Wand mit Tape 4 befestigt. (Denkt dran, vorher eure Eltern um Erlaubnis zu bitten!)

Mit den Techniken von Seite 19 und 31 könnt ihr tolle Accessoires basteln!

Mit den Techniken von Seite 19 und 31 könnt ihr tolle Accessoires basteln!

Ihr braucht:

Tape eurer Wahl
Tasse
Porzellanfarbe
Pinsel
Schere
Porzellanmarker
Optional:
Teebeutel
Teelöffel

TSCHÜS, TAPE!

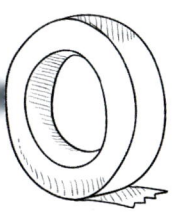

Bei diesen Tassen ist kein Tape in Sicht?
Von wegen: Entdeckt selbst, wie ihr euer Tape
unsichtbar zum Einsatz bringt ...

Das Geheimnis: Euer Tape wird übermalt und wieder abgelöst, sodass die weißen Flächen darunter sichtbar werden.

SCHRITT 1: *Für die Katzentasse (rechts) klebt ihr erst die Umrisse aus fünf Tapestücken.* Beginnt mit der rechten Außenkante: Sie setzt oberhalb des unteren Henkelansatzes an und schließt an der Oberkante der Tasse ab. Nun folgen drei kürzere Stücke für die Ohren und wieder ein langes Stück für die linke Seite. Die Enden klappt ihr um den Tassenboden und -Rand um.

Bei der Gute-Laune-Tasse (links) geht's schneller und wilder zu:

Klebt Tapebahnen kreuz und quer, malt die Innenräume farbig aus und entfernt das Tape – fertig!

SCHRITT 2: *Bauch und Schwanz (Henkel) verseht ihr mit schmalen Tapestreifen.* Leichter geht es, wenn ihr sie weglasst. Nun noch drei Dreiecke als Nase und Ohren aufkleben, und schon könnt ihr die Mieze auspinseln.

SCHRITT 3: *Sobald alles leicht getrocknet ist, löst ihr das Tape vorsichtig ab* und malt Augen und Mund auf, z. B. mit einem Porzellanmarker. Miau – es kann losgeschlürft werden!

Tipp: Verwendet Stofffarbe und gestaltet T-Shirts, Beutel oder andere Textilien mit dieser Technik!

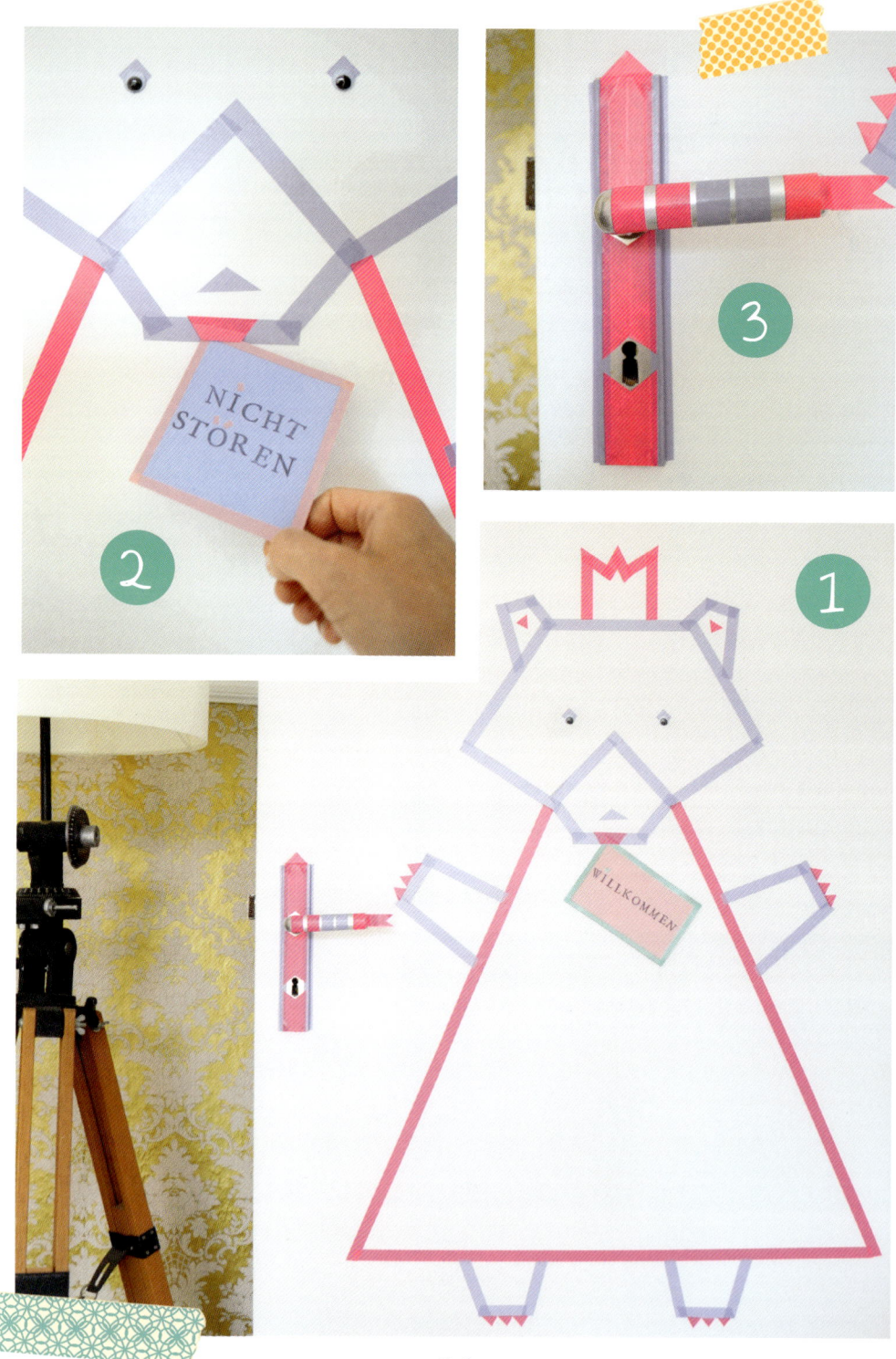

NICHT
STÖREN

2

3

1

WILLKOMMEN

BÄRIGE BEGRÜSSUNG

Ob mit einem Willkommen oder einer Abschreckung – so wissen eure Gäste gleich an der Tür, ob sie erwünscht sind.

Ein XL-Tape-Kunstwerk lässt sich am besten zu zweit kreieren: Einer klebt und der andere schaut aus einiger Entfernung, ob die Position des Tapes stimmt.

Als Anfang ist die Oberkante des Kopfs günstig. Stellt euch eine senkrechte Linie in der Mitte des Bären vor: Die rechte und linke Seite sind jeweils identisch, nur spiegelverkehrt. Fahrt also jeweils abwechselnd rechts und links mit weiteren Tapestreifen fort und arbeitet euch bis zu den Füßen vor **1** .

Ihr braucht:

Tape eurer Wahl
Optional:
Wackelaugen, groß
Papier
Stift

Sobald die grobe Figur fertig ist, fügt ihr kleine Dreiecke aus auseinandergeschnittenem Tape als Krallen und in den Ohren hinzu. Die Nase bekommt ein großes Dreieck. Für die Augen klebt ihr Wackelaugen auf zwei Tape-Quadrate. Ihr könnt natürlich auch welche malen. Jetzt kann der Besuch kommen!

Toll sieht ein Bär auch an der Zimmerwand oder am Fenster aus – fragt aber in jedem Fall einen Erwachsenen um Erlaubnis, bevor ihr loslegt.

Ein beschriebenes Blatt Papier, das ihr mit Tape am Maul befestigt, überbringt eure Botschaft **2** . Bereitet gleich mehrere für unterschiedliche Situationen vor!

Lust auf mehr? Dann dekoriert eure Klinke in passenden Farben **3** .

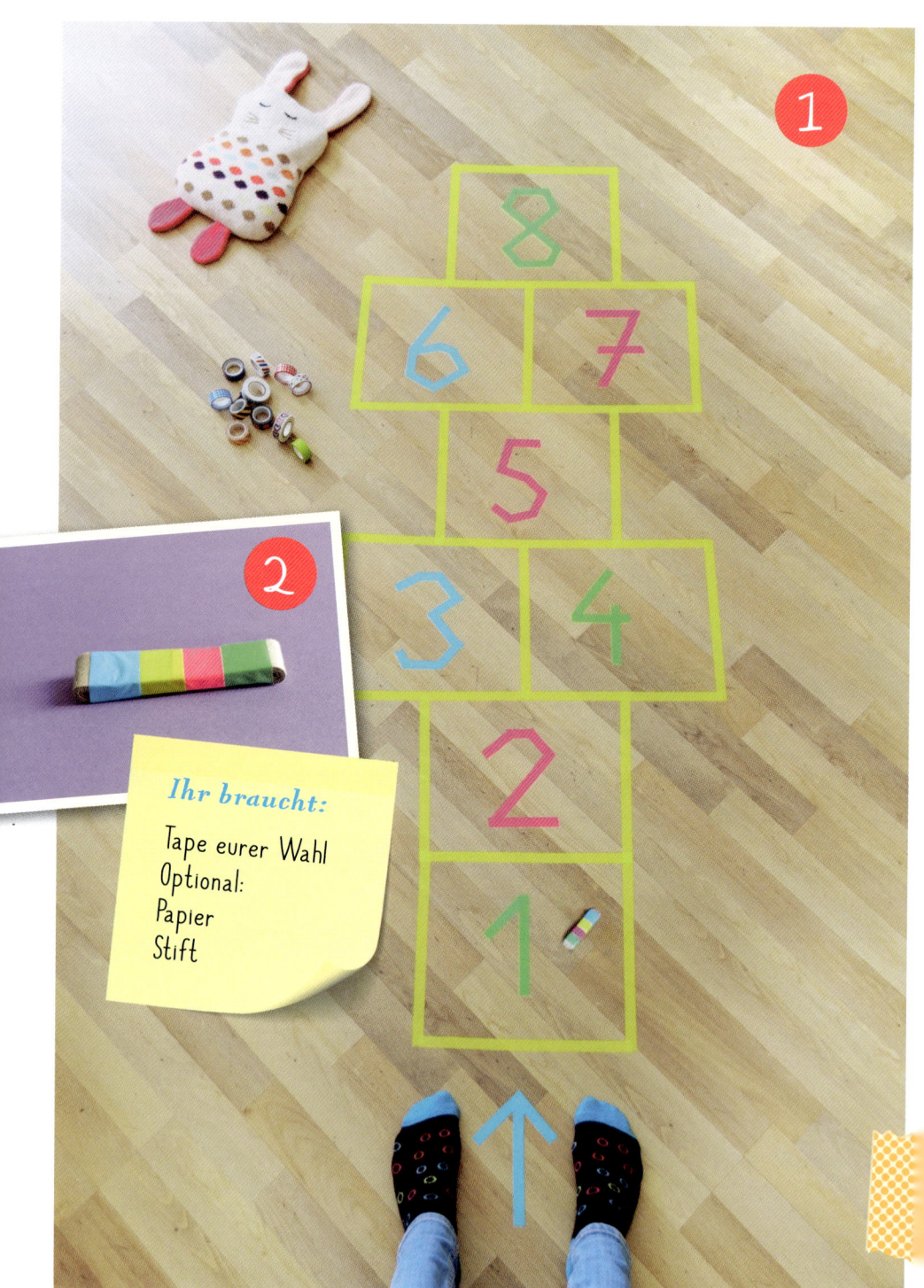

Ihr braucht:

Tape eurer Wahl
Optional:
Papier
Stift

HÜPF-HELD

Schlechtes Wetter? Langeweile? Nichts da!
Auch zu Hause könnt ihr euch bestens austoben,
zum Beispiel mit diesen tollen Bodenspielen ... Wer gewinnt?

Klebt acht Quadrate auf den Boden 1 (z. B. je 30 x 30 cm). **Habt ihr ein großes Zimmer, könnt ihr um Felder erweitern oder die Felderanzahl bei wenig Platz verringern. Nummeriert die Quadrate anschließend. Ein Pfeil gibt die Startposition an – es kann losgehen!**

Spielregel

Für zwei oder mehrere Spieler:
Ein Spieler wirft einen kleinen Gegenstand (Bastelidee) auf das Feld 1. Trifft er, darf er auf einem Bein loshüpfen: Er überspringt das erste Feld und hüpft weiter bis Feld 8 (mit Grätschsprung auf Feld 3/4 und 6/7).
Dann geht es zurück. Auf Feld 2 stehend, wird der Gegenstand wieder aufgehoben und die zweite Runde beginnt: Der Gegenstand wird auf Feld 2 geworfen, dann auf Feld 3 usw.
Wichtig: Trifft ein Spieler nicht in das passende Feld oder übertritt er die Markierung, so ist der nächste an der Reihe. Wer sich mit dem Gegenstand zuerst bis Feld 8 vorarbeitet, wird Hüpf-Held!

Drückt eine leere Taperolle 2 zusammen und umwickelt sie mit Tape – *fertig ist euer Geschoss,* das sich toll werfen oder schlittern lässt.

Großer Spielspaß 3 trotz wenig Platz:
Jedes Feld bekommt einen Wert (z. B. größtes 1 Punkt, mittleres 5 und kleinstes 10 Punkte). Stellt euch in einiger Entfernung (z. B. 3 Schritte) auf, lasst euren Gegenstand nacheinander auf die Felder schlittern und schreibt die Ergebnisse auf.
Jeder Spieler hat 3 Versuche, ihr könnt z. B. 5 Runden spielen. Wer holt die meisten Punkte?

ACHTUNG, ARMREIF!

Wer eifrig schleckt, kann Tolles basteln! Denn Eis am Stiel schmeckt uns nicht nur prima, sondern lässt sich auch in coole Accessoires verwandeln. Einfach den Stiel aufbewahren und loslegen …

Zuerst werden die Holzstiele gebogen, damit sie bequem ums Handgelenk passen. Um sie biegsam zu machen, gebt ihr sie für 30 Minuten in kochendes Wasser und lasst sie anschließend weitere 30 Minuten im heißen Wasser ziehen. Lasst euch bitte von einem Erwachsenen helfen! Wer geduldiger ist, kann die Eisstiele auch für ca. zwei Tage in Wasser einweichen.

Anschließend biegt ihr das Holz Stück für Stück zu einem Kreis und gebt ihn zum Trocknen für einen Tag in ein Glas oder eine Tasse. Je nach Durchmesser des Glases könnt ihr den Umfang eures Armreifs enger oder weiter wählen.

Überlegt euch ein Muster und schneidet die Tapes in Dreiecke, Streifen oder Kreise und klebt sie auf die Eisstiele. Fertig ist das Meisterstück!

41

BASTELVORLAGE
Waldi von Seiten 8/9

WIMPEL-IDEEN
von Seiten 18/19

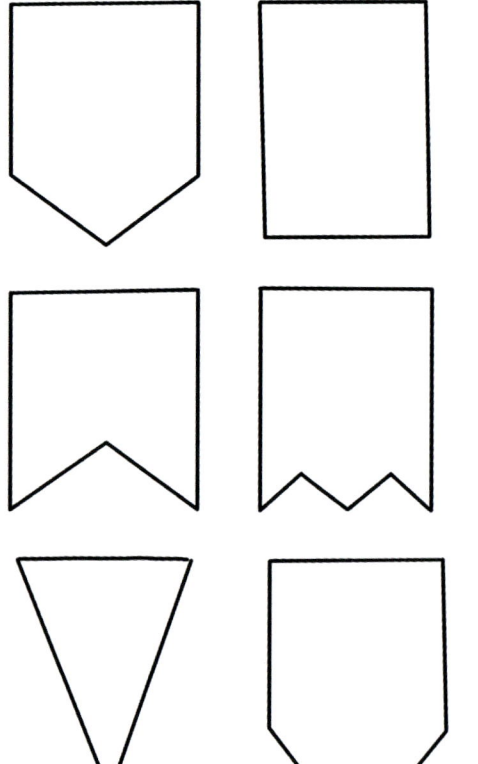

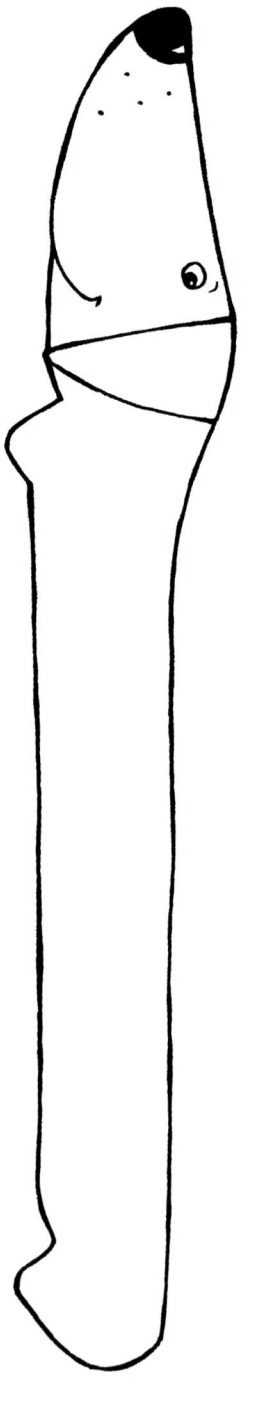

BASTELVORLAGE
Bärchen von Seiten 14/15

MEINE IDEEN

MEINE IDEEN

MEINE TOLLSTEN TAPES

Klebe hier jeweils einen Streifen ein!

BALL-BUTLER

Was darf's denn sein: der Lieblingsstift, die Zahnbürste oder das Abwehren nervender Störenfriede? Diese kleinen Helfer aus ausrangierten Tennisbällen sind euch stets zu Diensten!

Ihr braucht:

Tennisbälle
Schere
Cuttermesser
Wackelaugen
Klebstoff
Saugnäpfe

Optional:
Farbe, z. B. Acryl
Pinsel
Permanentmarker

SCHRITT 1: Mund auf: Schneidet mit einem Cuttermesser mithilfe eines Erwachsenen einen breiten Schlitz in einen Tennisball. *Klebt Wackelaugen auf und bemalt einen Teil des Balls mit einer Mütze oder einem bunten Schopf.* Mit einem spitzen Gegenstand lässt sich die Oberfläche toll zu Strubbelhaaren aufrauen!

SCHRITT 2: *In die Rückseite schneidet ihr ein Loch, drückt einen Saugnapf hinein,* und schon könnt ihr den Kopf befestigen, zum Beispiel als Zahnbürstenwächter an der Badezimmerwand oder als Türsteher an eurer Zimmertür.

Besonders fix entsteht dieser St[...]
Mit Glatze und Saugnap[...]
an der Unterseite sorgt er au[...]
Schreibtisch für gute Lau[...]

19

aus:
ISBN 978-3-8458-1828-3

NOCH MEHR KREATIVES

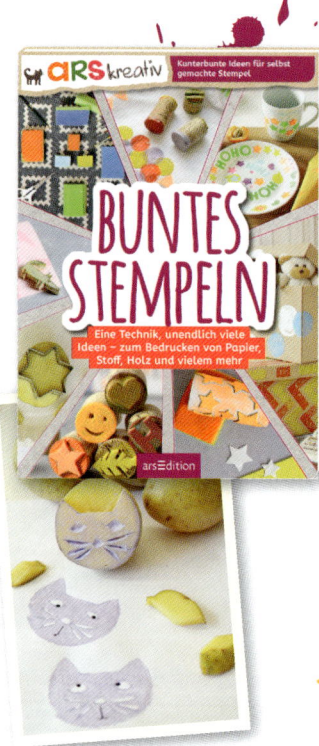

ISBN 978-3-8458-1830-6

ISBN 978-3-8458-1828-3

ISBN 978-3-8458-1831-3

mehr Ideen auf:
www.arskreativ.de

© 2017 arsEdition GmbH,
Friedrichstraße 9, 80801 München
Alle Rechte vorbehalten
Ideen, Modelle und Text: Susanne Schiefelbein *www.suschie.com*
Fotografie: Minerva Just *www.minerva-fotografie.de*
Layout: Judith Jänsch, Angelika Schön
Motive: Getty Images / Thinkstock
ISBN 978-3-8458-1829-0
www.arsedition.de

MIX
Papier aus verantwor-
tungsvollen Quellen
FSC® C107574
FSC
www.fsc.org